极限挑战

[英] 盖尔斯·摩尔　乔安娜·韦伯斯特 等著　刘　艳 译

- **连线挑战**:连点成线后你会收获一幅精美的艺术作品。

- 从空圆点1开始，按照数字顺序连线直到下一个空圆点。
- 从下一个空圆点开始，按照数字顺序连线直到下一个空圆点。
- 圆点或者相关数字的颜色为推荐的连线颜色。
- 连线的最后为空圆点，如果遇到困难，你可以参考文后的答案。

注意：你可以使用一支削好的铅笔或者一支细钢笔，以免漏掉一些数字或者点数。你可以从任何地方开始，然后逐渐补充完整。你也可以根据自己对于色彩的感知进行涂色挑战。

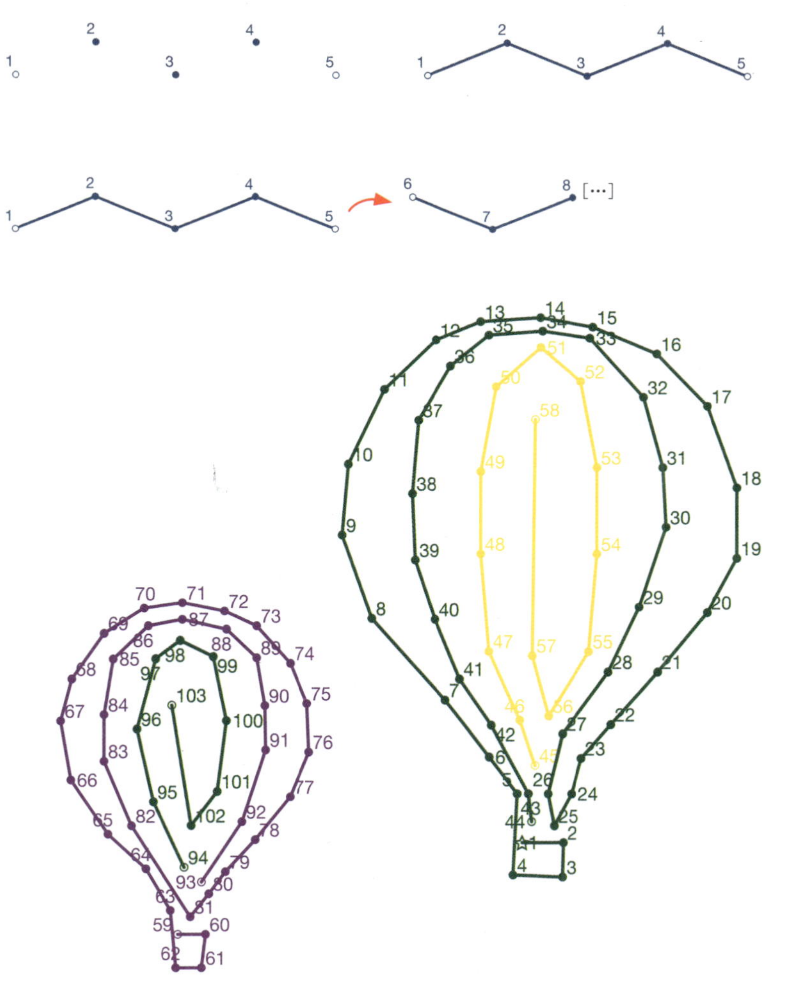

中国铁道出版社有限公司
CHINA RAILWAY PUBLISHING HOUSE CO., LTD.

- **色彩探秘：**根据数字区块涂色，涂色完成后你会获得一幅精美的艺术作品。

• 有的数字区块没有数字，这样的情况可以留白处理。本书的最后附有参考答案，如果需要，你可以提前浏览最后的成品图。

注意：不要担心你使用的铅笔或者钢笔与左边的色板有太大的偏差，你可以适当用力涂色，或者轻轻地涂色，或者糅合两种颜色，创造出你所需要的颜色。

- **迷宫挑战：**让你的大脑运转起来，挑战这些高难度的迷宫。你能看到迷宫从哪里开始，从哪里结束，但是你究竟该如何开始呢？

- **涂色挑战：**如果喜欢涂色，你会爱上这些错综复杂的图形。完成这些精美的图形涂色挑战，你甚至会有心醉神迷的感觉。

- **数图挑战：**数图游戏是在一个全是空白方格的区域内，通过解读一系列线索数而涂黑特定位置的空格。在此过程中，一幅隐藏的图画将会逐渐呈现在你面前，每一个数图题目，都是一幅风格独特的艺术作品。

注意：一个数图谜题包含一个空白方格，以及在表格的左侧和上方的一组线索数。每组都有一个或多个数字，这些数字就是解题的线索。要想解开数图谜题，要做的就是解读这些线索数，并把与之对应的空格涂黑。线索数会提示你要在对应的行或列涂黑多少个空格，而题目的难度就在于，你需要自己确认哪些空格应该涂黑。

3, 2, 2, 7, 5, 2, 3

连线挑战

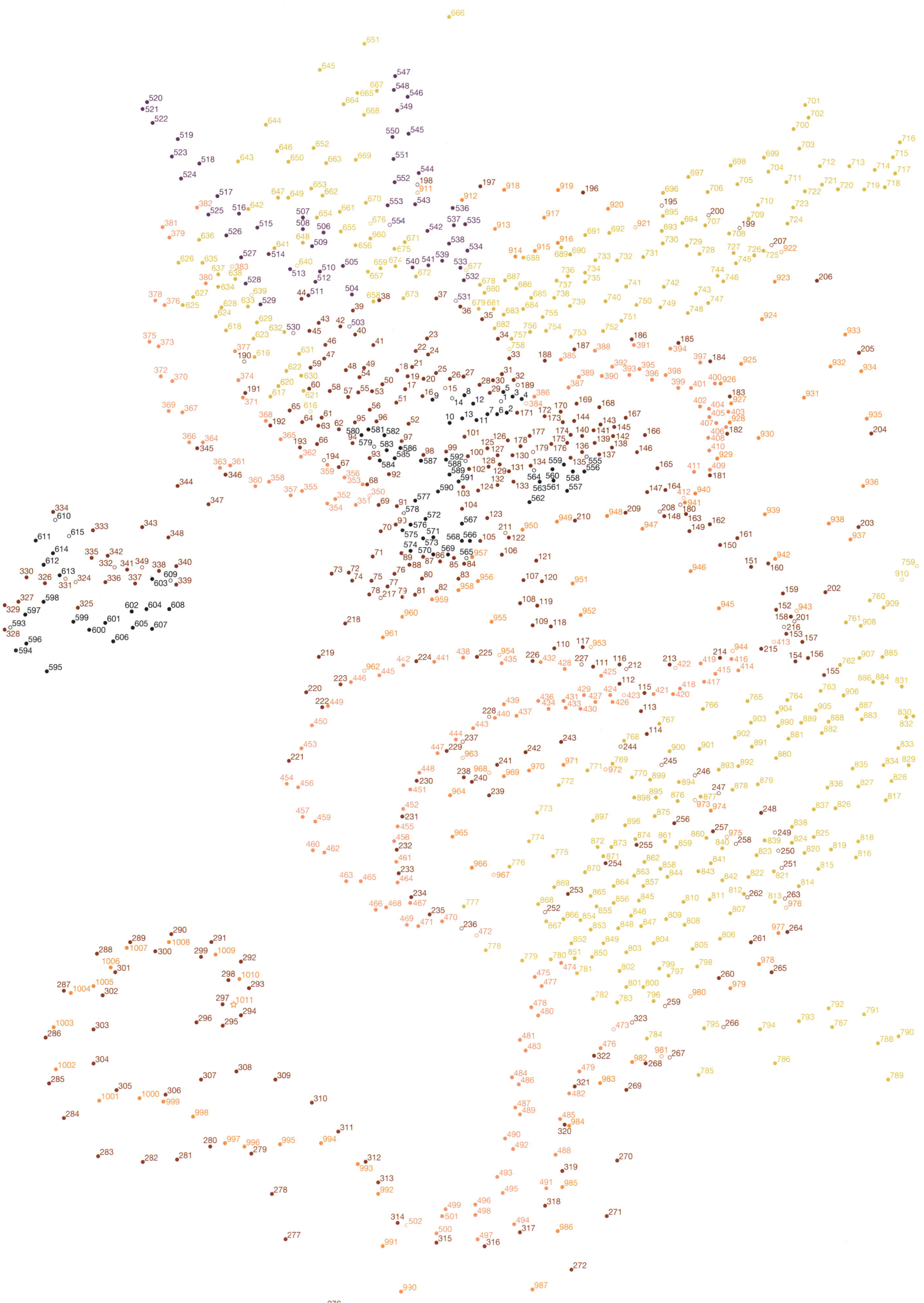

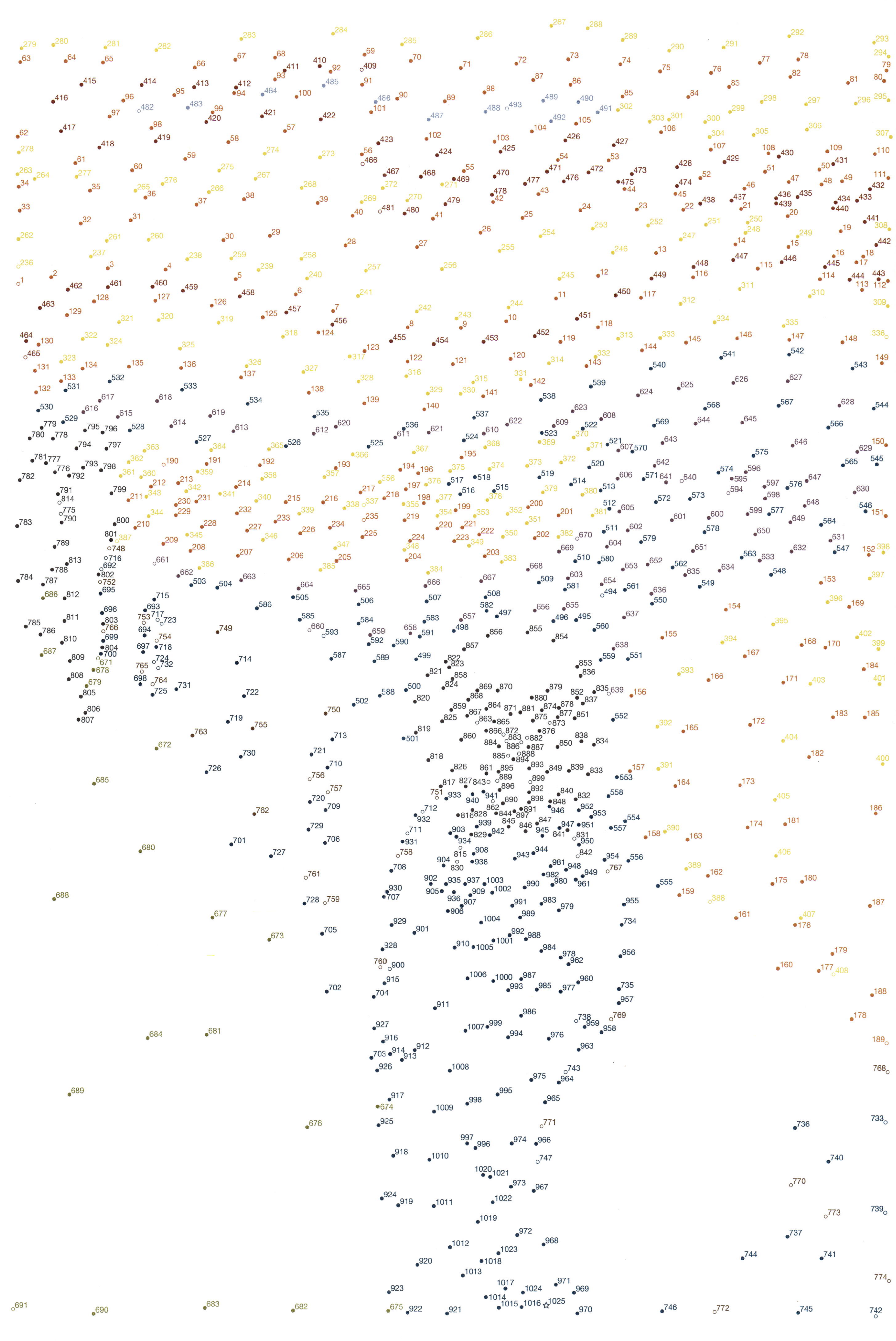

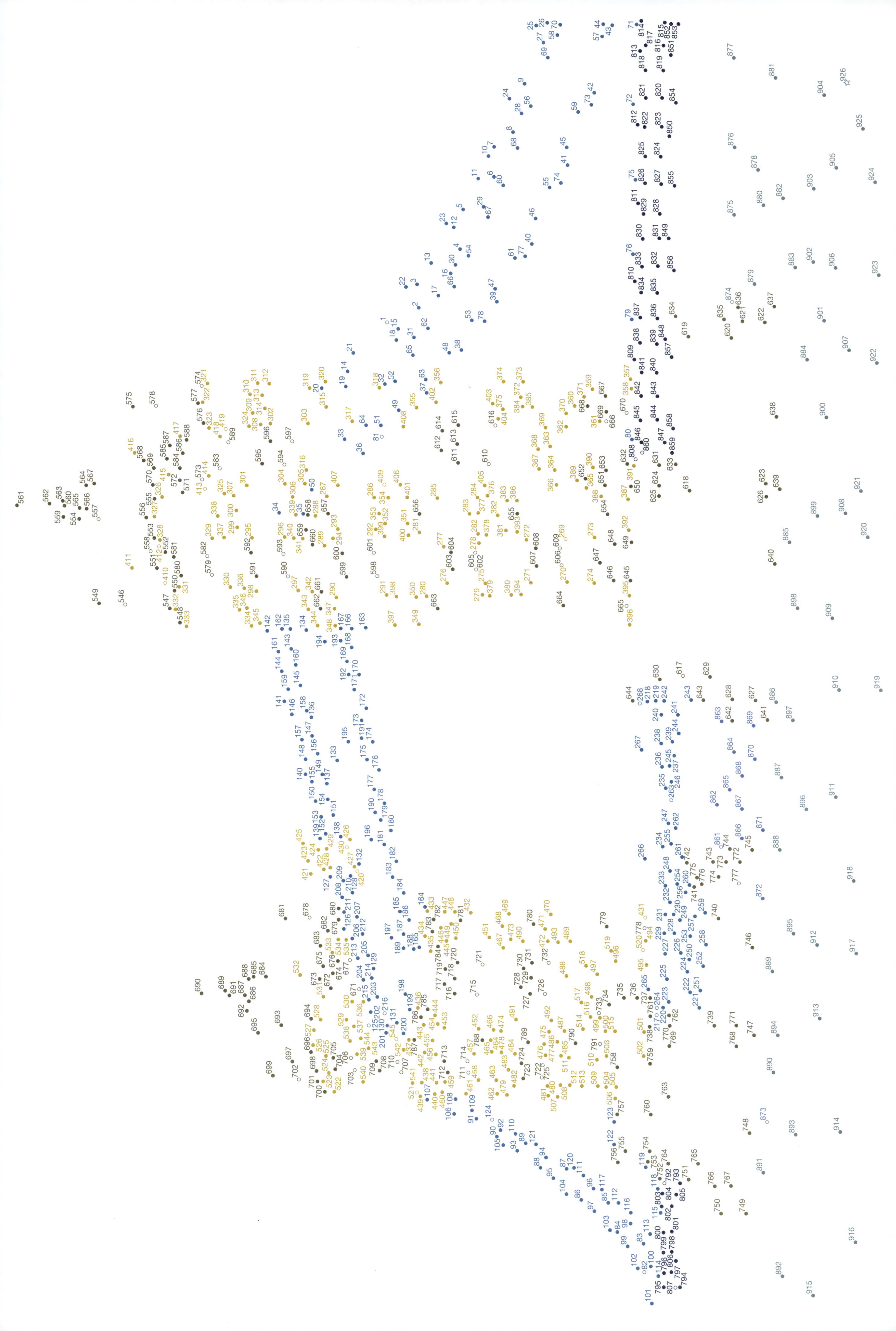

色彩探秘

1
2
3
4
5
6

1 2 3 4 5 6 7 8 9 10 11 12 13 14 15

1
2
3
4
5
6
7
8
9
10
11
12
13

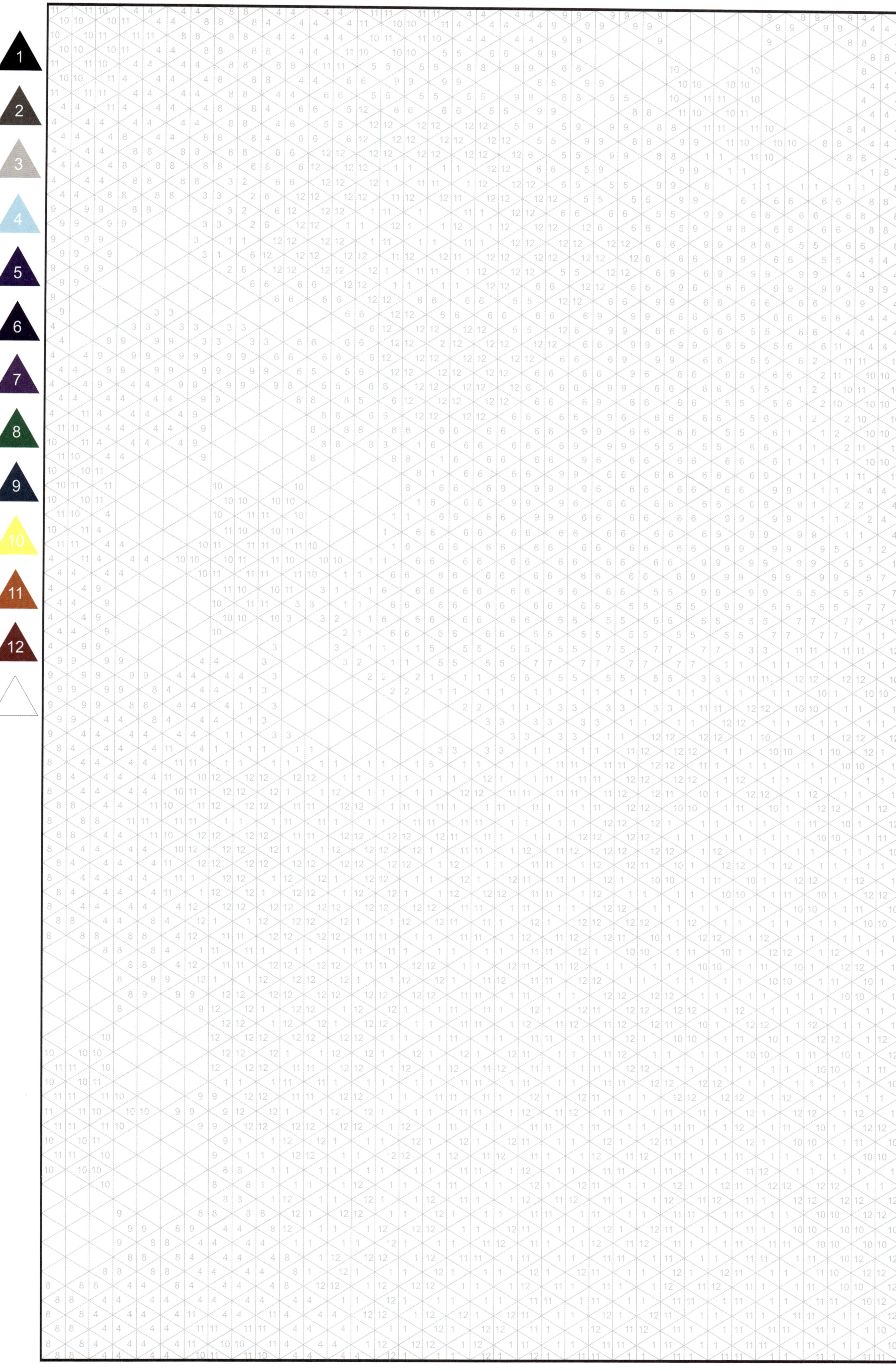
1
2
3
4
5
6
7
8
9
10
11
12

迷宫挑战

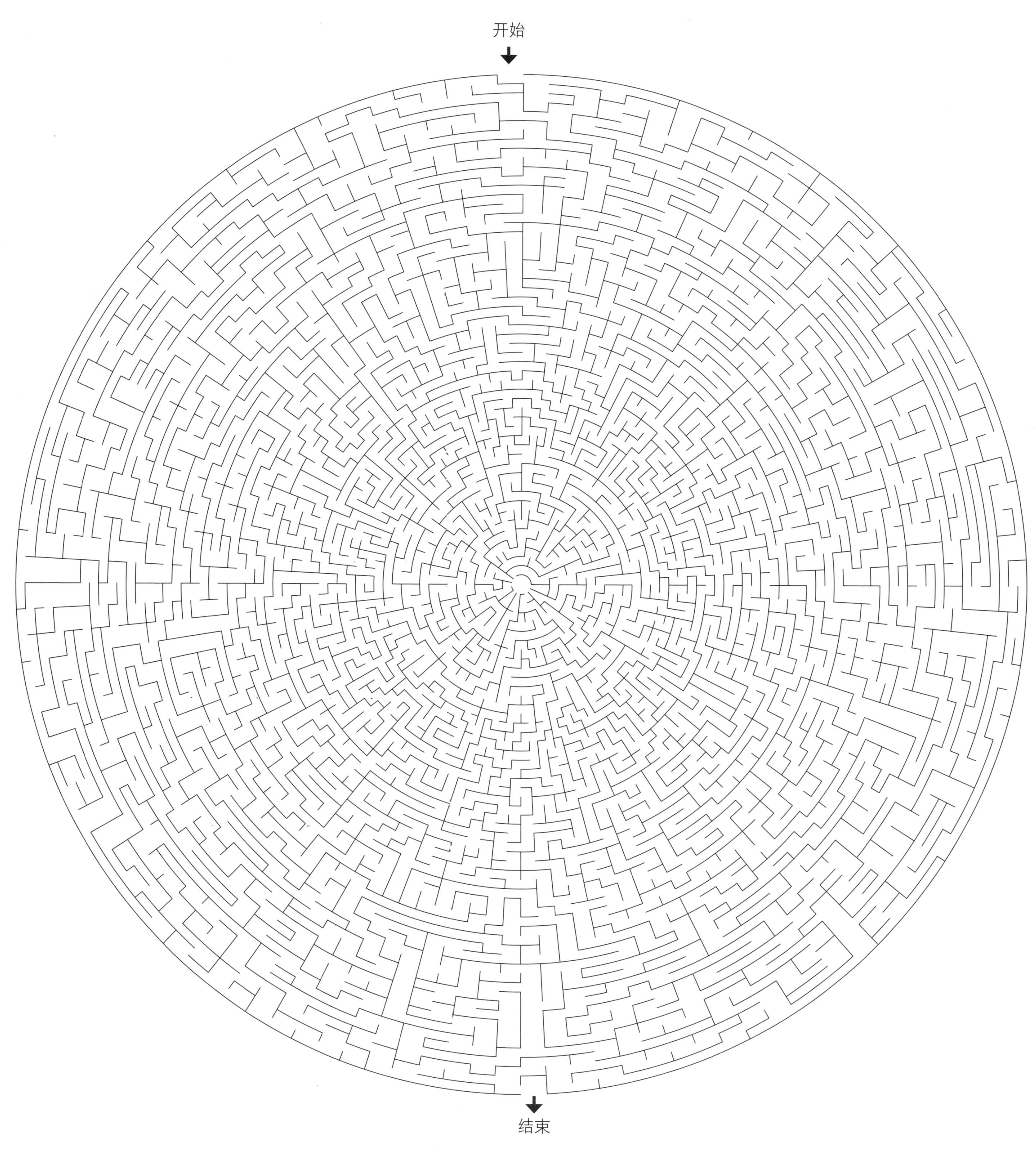

开始

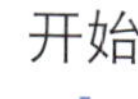

结束

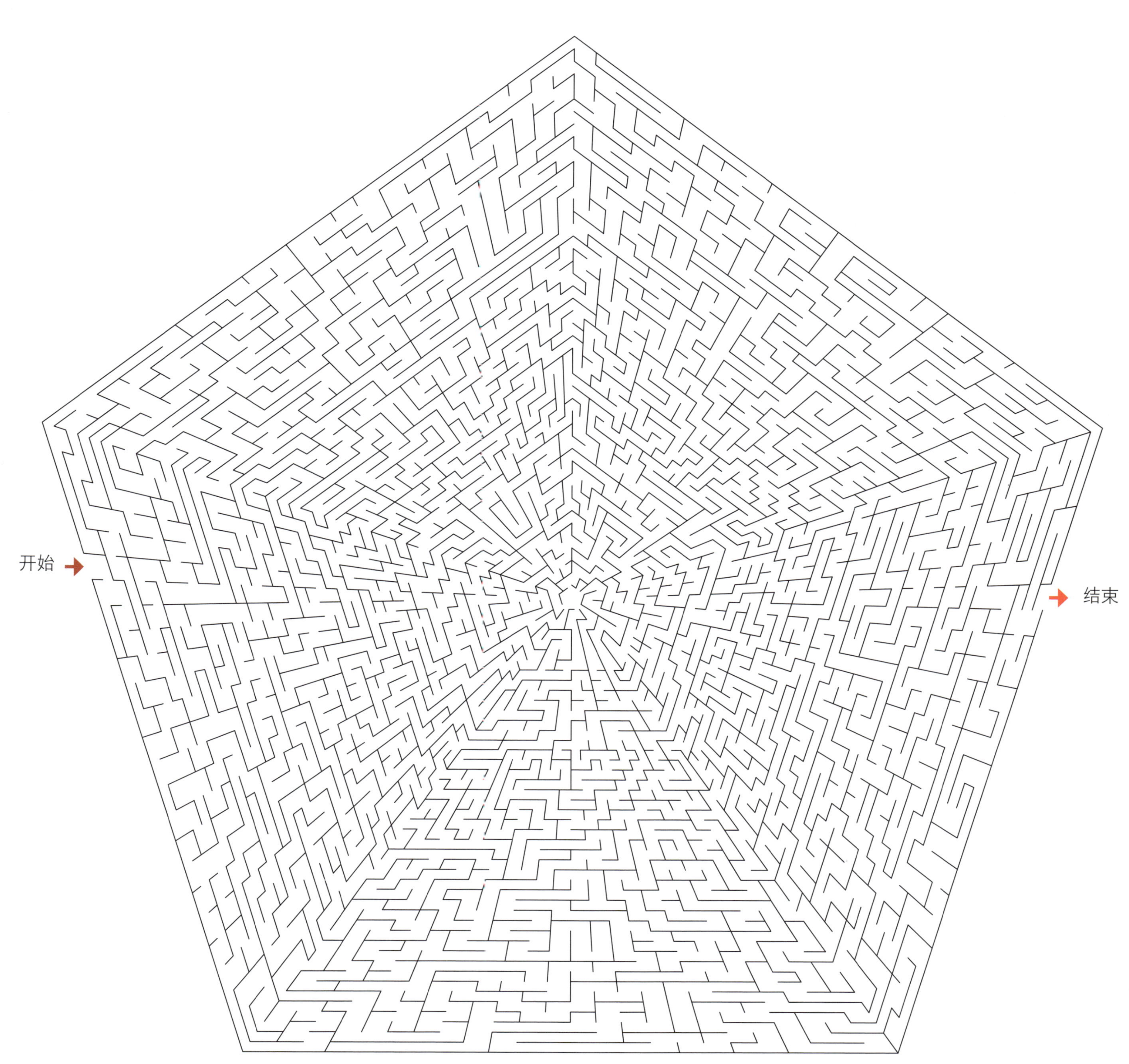
开始
结束

开始

结束

开始

结束

涂色挑战

数字区块涂色

海滩上的女孩

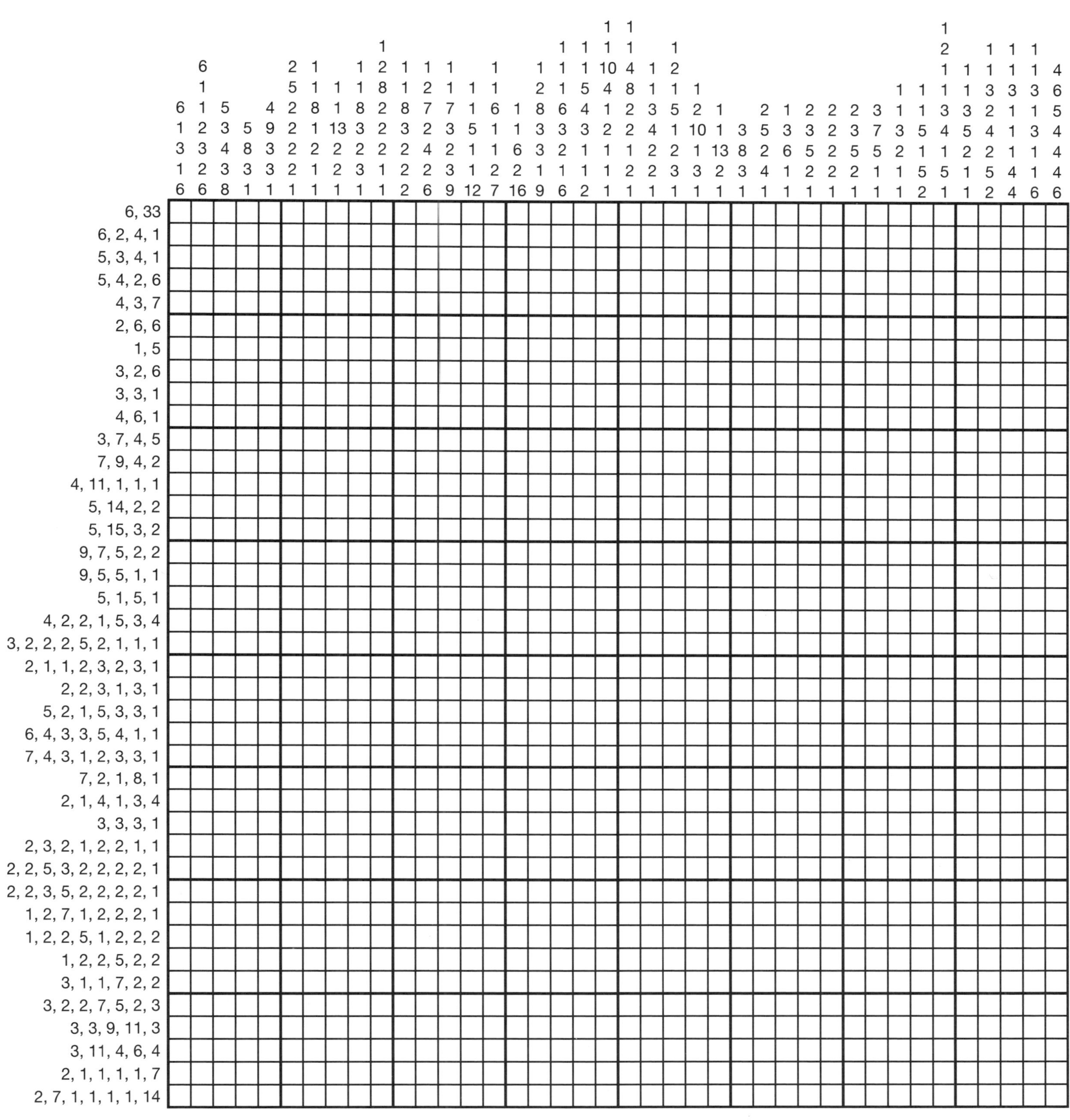

6, 1, 3, 1, 6
6, 1, 1, 2, 3, 2, 6
5, 3, 4, 3, 8
5, 8, 3, 1
4, 9, 3, 3, 1
2, 5, 2, 2, 2, 2, 1
1, 1, 8, 1, 2, 1, 1
1, 1, 13, 2, 2, 1
1, 1, 8, 3, 2, 3, 1
1, 2, 8, 2, 2, 2, 1, 1
1, 1, 8, 3, 2, 2, 2
1, 2, 7, 2, 4, 2, 6
1, 1, 7, 3, 2, 3, 9
1, 1, 5, 1, 1, 12
1, 1, 6, 1, 1, 2, 7
1, 1, 6, 2, 16
1, 2, 8, 3, 3, 1, 9
1, 1, 1, 6, 3, 2, 1, 6
1, 1, 5, 4, 3, 1, 1, 2
1, 1, 10, 4, 1, 2, 1, 1, 1
1, 1, 4, 8, 2, 2, 1, 2, 1
1, 1, 3, 4, 2, 2, 1
1, 2, 1, 5, 1, 2, 3, 1
1, 2, 1, 1, 3, 1
1, 1, 13, 2, 1
3, 8, 3, 1
2, 5, 2, 4, 1
1, 3, 6, 1, 1
2, 3, 5, 2, 1
2, 2, 2, 2, 1
2, 3, 5, 2, 1
3, 7, 5, 1, 1
1, 1, 3, 2, 1, 1
1, 1, 5, 1, 5, 2
1, 2, 1, 1, 3, 4, 1, 5, 1
1, 1, 3, 5, 2, 1, 1
1, 1, 3, 2, 4, 2, 5, 2
1, 1, 3, 1, 1, 1, 4, 4
1, 1, 3, 1, 3, 1, 1, 6
4, 6, 5, 4, 4, 4, 6
6, 33
6, 2, 4, 1
5, 3, 4, 1
5, 4, 2, 6
4, 3, 7
2, 6, 6
1, 5
3, 2, 6
3, 3, 1
4, 6, 1
3, 7, 4, 5
7, 9, 4, 2
4, 11, 1, 1, 1
5, 14, 2, 2
5, 15, 3, 2
9, 7, 5, 2, 2
9, 5, 5, 1, 1
5, 1, 5, 1
4, 2, 2, 1, 5, 3, 4
3, 2, 2, 2, 5, 2, 1, 1, 1
2, 1, 1, 2, 3, 2, 3, 1
2, 2, 3, 1, 3, 1
5, 2, 1, 5, 3, 3, 1
6, 4, 3, 3, 5, 4, 1, 1
7, 4, 3, 1, 2, 3, 3, 1
7, 2, 1, 8, 1
2, 1, 4, 1, 3, 4
3, 3, 3, 1
2, 3, 2, 1, 2, 2, 1, 1
2, 2, 5, 3, 2, 2, 2, 2, 1
2, 2, 3, 5, 2, 2, 2, 2, 1
1, 2, 7, 1, 2, 2, 2, 1
1, 2, 2, 5, 1, 2, 2, 2
1, 2, 2, 5, 2, 2
3, 1, 1, 7, 2, 2
3, 2, 2, 7, 5, 2, 3
3, 3, 9, 11, 3
3, 11, 4, 6, 4
2, 1, 1, 1, 1, 7
2, 7, 1, 1, 1, 1, 14

第一次约会

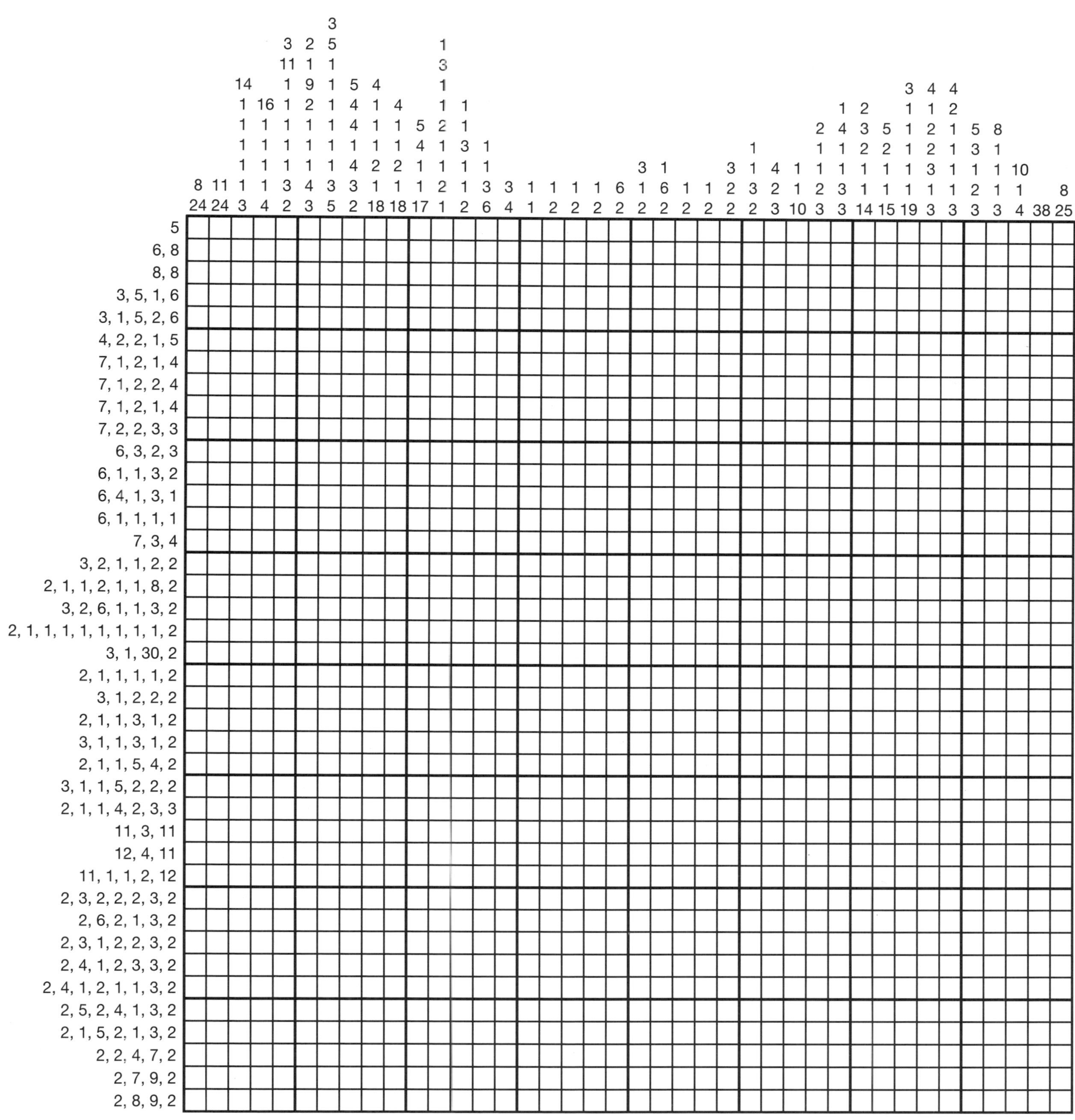

8 24
11 24
14 1 1 1 1 1 3
16 1 1 1 1 4
3 11 1 1 1 1 1 3 2
2 1 9 2 1 1 1 4 3
3 5 1 1 1 1 1 1 3 5
5 4 4 1 4 3 2
4 1 1 1 2 1 18
4 1 1 2 1 18
5 4 1 1 17
1 3 1 1 2 1 1 2 1
1 1 3 1 1 2
1 1 3 6
3 4
1 1
1 2
1 2
1 2
6 2
3 1 2
1 6 2
1 2
1 2
3 2 2
1 1 3 2
4 2 3
1 1 10
2 1 1 2 3
1 4 1 1 3 3
2 3 2 1 1 14
5 2 1 1 15
3 1 1 1 1 1 19
4 1 2 2 3 1 3
4 2 1 1 1 1 3
5 3 1 2 3
8 1 1 1 3
10 1 4
38
8 25
5
6, 8
8, 8
3, 5, 1, 6
3, 1, 5, 2, 6
4, 2, 2, 1, 5
7, 1, 2, 1, 4
7, 1, 2, 2, 4
7, 1, 2, 1, 4
7, 2, 2, 3, 3
6, 3, 2, 3
6, 1, 1, 3, 2
6, 4, 1, 3, 1
6, 1, 1, 1, 1
7, 3, 4
3, 2, 1, 1, 2, 2
2, 1, 1, 2, 1, 1, 8, 2
3, 2, 6, 1, 1, 3, 2
2, 1, 1, 1, 1, 1, 1, 1, 1, 2
3, 1, 30, 2
2, 1, 1, 1, 1, 2
3, 1, 2, 2, 2
2, 1, 1, 3, 1, 2
3, 1, 1, 3, 1, 2
2, 1, 1, 5, 4, 2
3, 1, 1, 5, 2, 2, 2
2, 1, 1, 4, 2, 3, 3
11, 3, 11
12, 4, 11
11, 1, 1, 2, 12
2, 3, 2, 2, 2, 3, 2
2, 6, 2, 1, 3, 2
2, 3, 1, 2, 2, 3, 2
2, 4, 1, 2, 3, 3, 2
2, 4, 1, 2, 1, 1, 3, 2
2, 5, 2, 4, 1, 3, 2
2, 1, 5, 2, 1, 3, 2
2, 2, 4, 7, 2
2, 7, 9, 2
2, 8, 9, 2

盛开的花朵

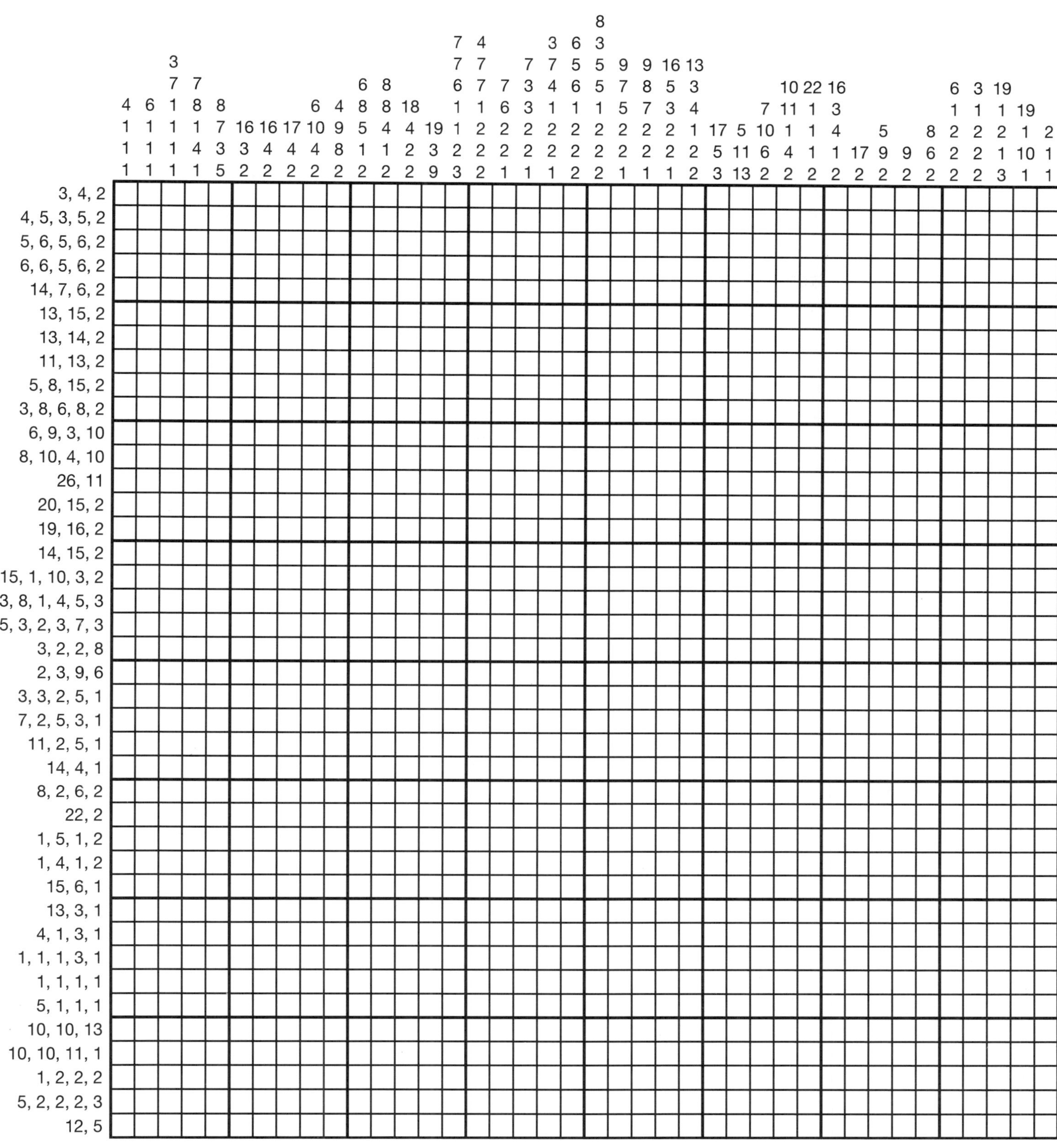

4 1 1 1
6 1 1 1
3 7 1 1 1 1
7 8 1 4 1
8 7 3 5
16 3 2
16 4 2
17 4 2
6 10 4 2
4 9 8 2
6 8 5 1 2
8 8 4 1 2
18 4 2 2
19 3 9
7 7 6 1 1 2 3
4 7 7 1 2 2 2
7 6 2 2 1
7 3 3 2 2 1
3 7 4 1 2 2 1
6 5 6 1 2 2 2
8 3 5 5 1 2 2
9 7 5 2 2 1
9 8 7 2 2 1
16 5 3 2 2 1
13 3 4 1 2 2
17 5 3
5 11 13
7 10 6 2
10 11 1 4 2
22 1 1 1 2
16 3 4 1 2
17 2
5 9 2
9 2
8 6 2
6 1 2 2 2
3 1 2 2 2
19 1 2 1 3
19 1 10 1
2 1 1
3, 4, 2
4, 5, 3, 5, 2
5, 6, 5, 6, 2
6, 6, 5, 6, 2
14, 7, 6, 2
13, 15, 2
13, 14, 2
11, 13, 2
5, 8, 15, 2
3, 8, 6, 8, 2
6, 9, 3, 10
8, 10, 4, 10
26, 11
20, 15, 2
19, 16, 2
14, 15, 2
15, 1, 10, 3, 2
3, 8, 1, 4, 5, 3
5, 3, 2, 3, 7, 3
3, 2, 2, 8
2, 3, 9, 6
3, 3, 2, 5, 1
7, 2, 5, 3, 1
11, 2, 5, 1
14, 4, 1
8, 2, 6, 2
22, 2
1, 5, 1, 2
1, 4, 1, 2
15, 6, 1
13, 3, 1
4, 1, 3, 1
1, 1, 1, 3, 1
1, 1, 1, 1
5, 1, 1, 1
10, 10, 13
10, 10, 11, 1
1, 2, 2, 2
5, 2, 2, 2, 3
12, 5

猫和鱼

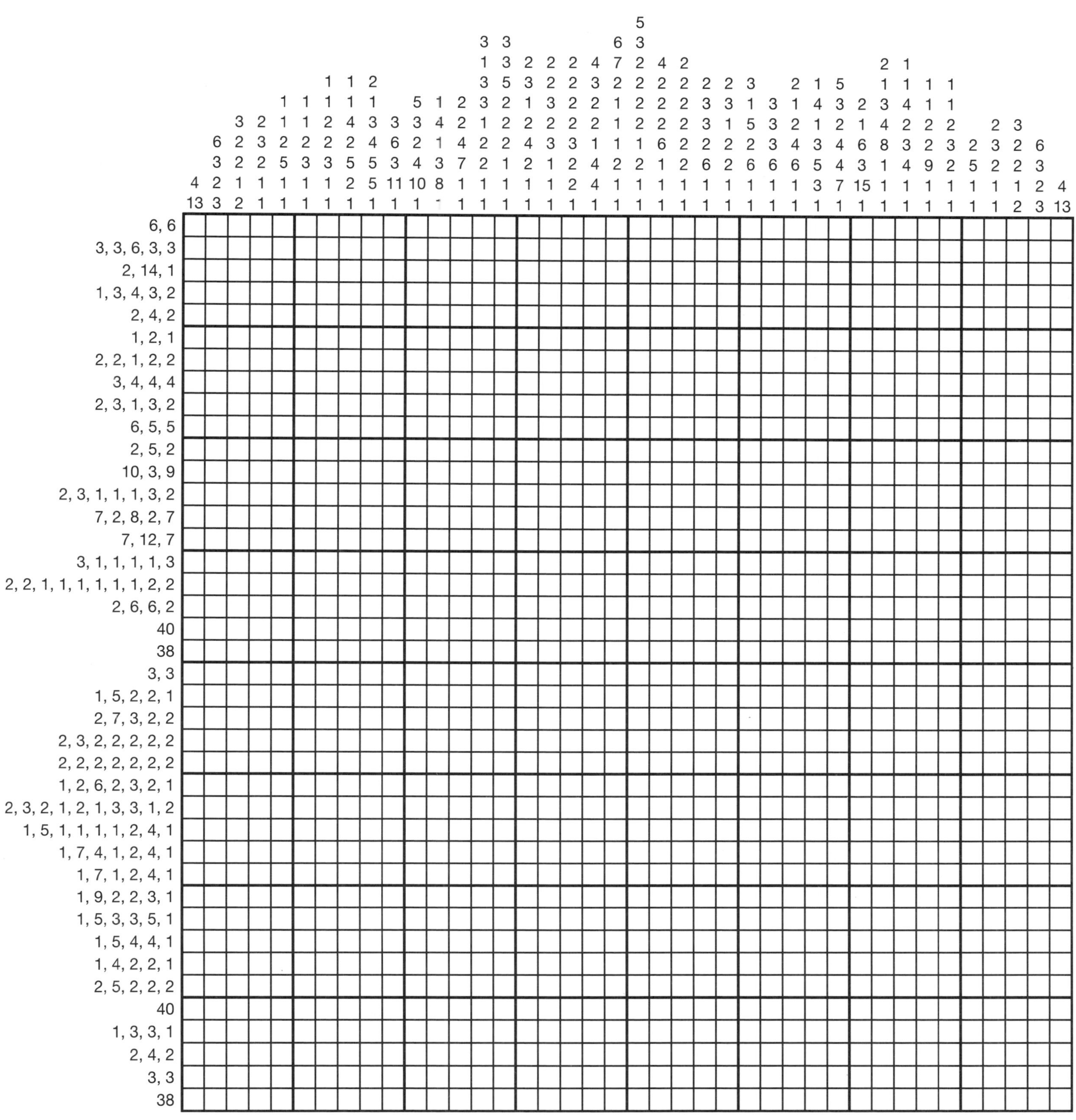

4 13
6 3 2 3
3 2 2 1 2
2 3 2 1 1
1 1 2 5 1 1
1 1 2 3 1 1
1 1 2 2 3 1 1
1 1 4 2 5 2 1
2 1 3 4 5 5 1
3 6 3 11 1
5 3 2 4 10 1
1 4 1 3 8 1
2 2 4 7 1 1
3 1 3 3 1 2 2 1 1
3 3 5 2 2 2 1 1 1
2 3 1 2 4 2 1 1
2 2 3 2 3 1 1 1
2 2 2 2 3 2 2 1
4 3 2 2 1 4 4 1
6 7 2 1 1 1 2 1 1
5 3 2 2 2 2 1 2 1 1
4 2 2 6 1 1 1
2 2 2 2 2 1 1
2 3 3 2 6 1 1
2 3 1 2 2 1 1
3 1 5 2 6 1 1
3 3 3 6 1 1
2 1 2 4 6 1 1
1 4 1 3 5 3 1
5 3 2 4 4 7 1
2 1 6 3 15 1
2 1 3 4 8 1 1 1
1 1 4 2 3 4 1 1
1 1 2 2 9 1 1
1 1 2 3 2 1 1
2 5 1 1
2 3 2 1 1
3 2 2 1 2
6 3 2 3
4 13
6, 6
3, 3, 6, 3, 3
2, 14, 1
1, 3, 4, 3, 2
2, 4, 2
1, 2, 1
2, 2, 1, 2, 2
3, 4, 4, 4
2, 3, 1, 3, 2
6, 5, 5
2, 5, 2
10, 3, 9
2, 3, 1, 1, 1, 3, 2
7, 2, 8, 2, 7
7, 12, 7
3, 1, 1, 1, 1, 3
2, 2, 1, 1, 1, 1, 1, 1, 2, 2
2, 6, 6, 2
40
38
3, 3
1, 5, 2, 2, 1
2, 7, 3, 2, 2
2, 3, 2, 2, 2, 2, 2
2, 2, 2, 2, 2, 2, 2
1, 2, 6, 2, 3, 2, 1
2, 3, 2, 1, 2, 1, 3, 3, 1, 2
1, 5, 1, 1, 1, 1, 2, 4, 1
1, 7, 4, 1, 2, 4, 1
1, 7, 1, 2, 4, 1
1, 9, 2, 2, 3, 1
1, 5, 3, 3, 5, 1
1, 5, 4, 4, 1
1, 4, 2, 2, 1
2, 5, 2, 2, 2
40
1, 3, 3, 1
2, 4, 2
3, 3
38

狗舍

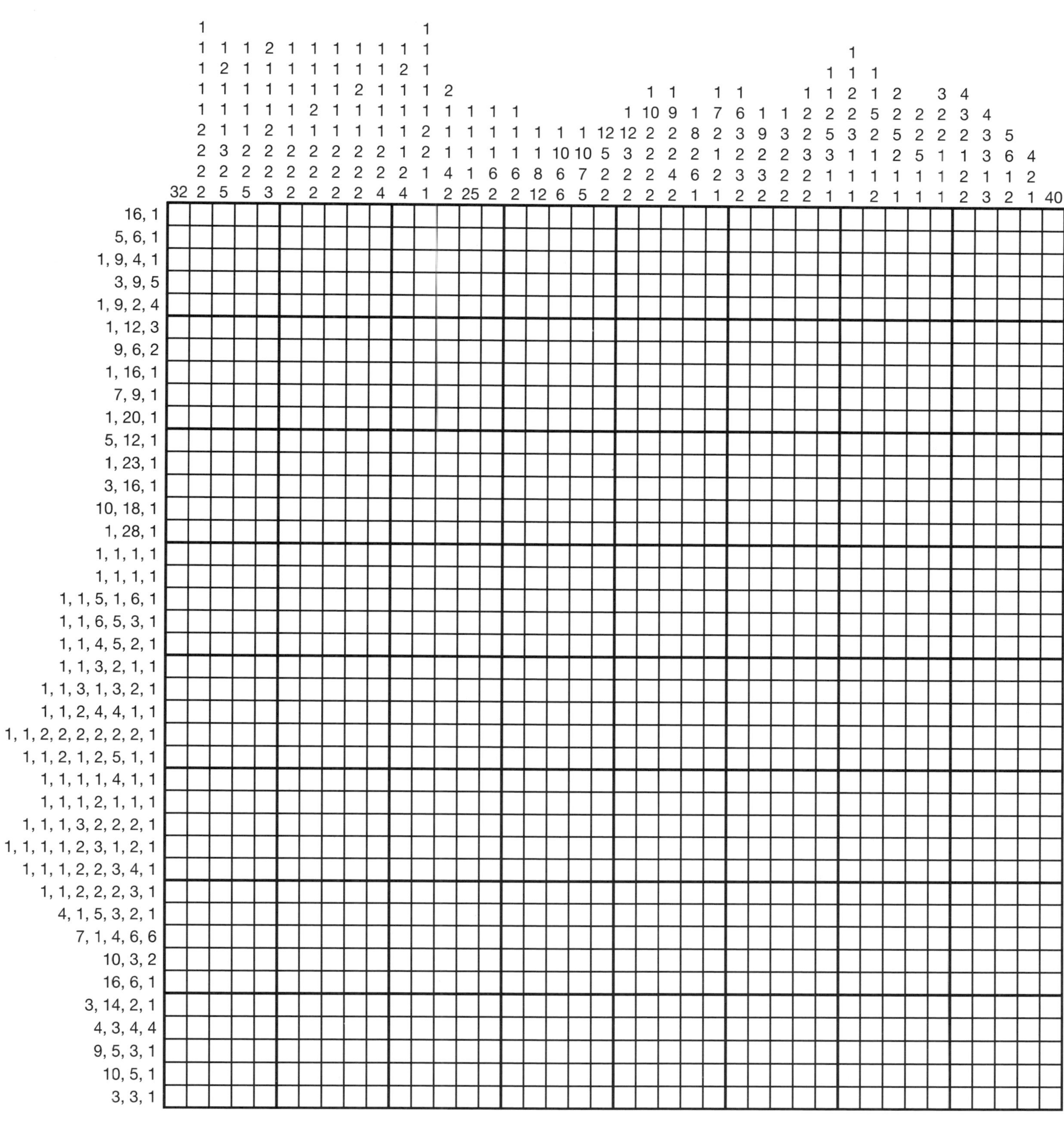

32
1, 1, 1, 1, 1, 2, 2, 2, 2
1, 2, 1, 1, 1, 3, 2, 5
1, 1, 1, 1, 1, 2, 2, 5
2, 1, 1, 1, 2, 2, 2, 3
1, 1, 1, 1, 1, 2, 2, 2
1, 1, 1, 2, 1, 2, 2, 2
1, 1, 1, 1, 1, 2, 2, 2
1, 1, 2, 1, 1, 2, 2, 2
1, 1, 1, 1, 1, 2, 2, 4
1, 2, 1, 1, 1, 1, 2, 4
1, 1, 1, 1, 1, 2, 2, 1, 1
2, 1, 1, 1, 4, 2
1, 1, 1, 1, 25
1, 1, 1, 6, 2
1, 1, 1, 6, 2
1, 1, 8, 12
1, 10, 6, 6
1, 10, 7, 5
12, 5, 2, 2
1, 12, 3, 2, 2
1, 10, 2, 2, 2, 2
1, 9, 2, 2, 4, 2
1, 8, 2, 6, 1
1, 7, 2, 1, 2, 1
1, 6, 3, 2, 3, 2
1, 9, 2, 3, 2
1, 3, 2, 2, 2
1, 2, 2, 3, 2, 2
1, 1, 2, 5, 3, 1, 1
1, 1, 2, 2, 3, 1, 1, 1
1, 1, 5, 2, 1, 1, 2
2, 2, 5, 2, 1, 1
2, 2, 5, 1, 1
3, 2, 2, 1, 1, 1
4, 3, 2, 1, 2, 2
4, 3, 3, 1, 3
5, 6, 1, 2
4, 2, 1
40
16, 1
5, 6, 1
1, 9, 4, 1
3, 9, 5
1, 9, 2, 4
1, 12, 3
9, 6, 2
1, 16, 1
7, 9, 1
1, 20, 1
5, 12, 1
1, 23, 1
3, 16, 1
10, 18, 1
1, 28, 1
1, 1, 1, 1
1, 1, 1, 1
1, 1, 5, 1, 6, 1
1, 1, 6, 5, 3, 1
1, 1, 4, 5, 2, 1
1, 1, 3, 2, 1, 1
1, 1, 3, 1, 3, 2, 1
1, 1, 2, 4, 4, 1, 1
1, 1, 2, 2, 2, 2, 2, 2, 1
1, 1, 2, 1, 2, 5, 1, 1
1, 1, 1, 1, 4, 1, 1
1, 1, 1, 2, 1, 1, 1
1, 1, 1, 3, 2, 2, 2, 1
1, 1, 1, 1, 2, 3, 1, 2, 1
1, 1, 1, 2, 2, 3, 4, 1
1, 1, 2, 2, 2, 3, 1
4, 1, 5, 3, 2, 1
7, 1, 4, 6, 6
10, 3, 2
16, 6, 1
3, 14, 2, 1
4, 3, 4, 4
9, 5, 3, 1
10, 5, 1
3, 3, 1

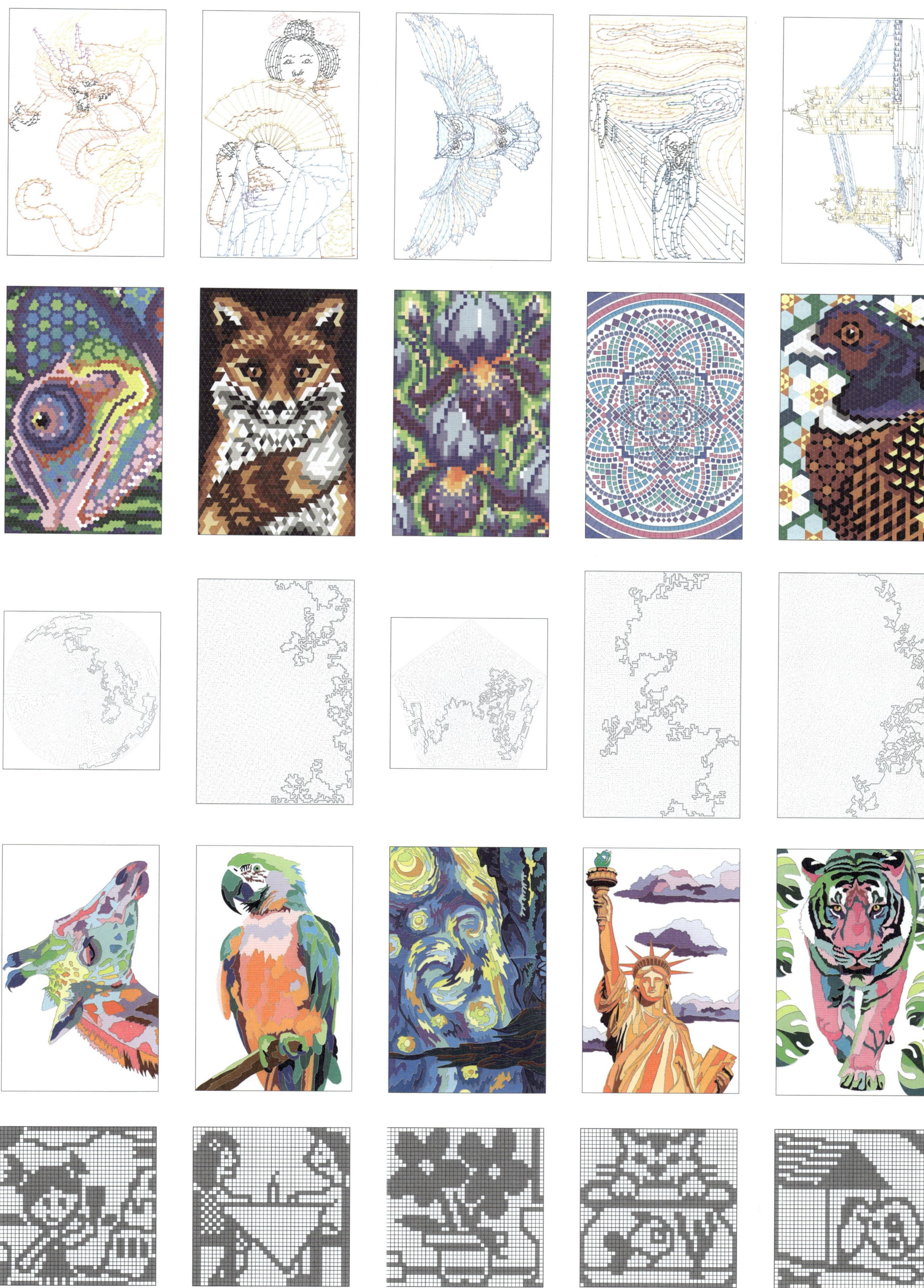

北京市版权局著作权合同登记 图字 01-2018-5829

图书在版编目（CIP）数据

极限挑战. 魔境/(英)盖尔斯·摩尔,(英)乔安娜·韦伯斯特著;刘艳译. —北京:中国铁道出版社有限公司,2019. 4
书名原文: The ultimate creative activity book
ISBN 978-7-113-25558-9

Ⅰ. ①极… Ⅱ. ①盖… ②乔… ③刘… Ⅲ. ①智力游戏 Ⅳ. ①G898. 2

中国版本图书馆CIP数据核字(2019)第033074号

First published in Great Britain in 2017 by Michael O'Mara Books Limited
9 Lion Yard, Tremadoc Road, London SW4 7NQ

书　　名：极限挑战：魔境
作　　者：［英］盖尔斯·摩尔 乔安娜·韦伯斯特 等著
译　　者：刘 艳 译

策　　划：韩丽芳
责任编辑：韩丽芳　　编辑部电话：010-51873697
责任印制：赵星辰

出版发行：中国铁道出版社有限公司(100054，北京市西城区右安门西街8号)
网　　址：http://www.tdpress.com
印　　刷：北京顶佳世纪印刷有限公司
版　　次：2019年4月第1版　2019年4月第1次印刷
开　　本：787 mm×1 092 mm　1/8　印张：8　字数：160千
书　　号：ISBN 978-7-113-25558-9
定　　价：68.00元